Op de Kroeg..

De columns die de krant niet haalden

Valentijn Stevens

Eerste druk, september 2011

Tweede druk, december 2011

Derde druk, maart 2012

ISBN 978-1-4478-4961-2

Speciale dank aan Lisette!

Verspreiding: valentijnstevens@hotmail.com

Voorwoord

Als student heb je soms lumineuze ideeën, want jij weet immers als geen ander hoe alles werkt. Het tijdstip waarop deze ideeën naar bovenkomen is bij voorkeur 's nachts na het drinken van een aantal biertjes. In dat geval kun je verschillende dingen doen om al deze genialiteit met de wereld te delen:

1. Een biertje pakken en je geweldige ideeën delen met je huisgenoten.
2. Op het balkon van je studentenhuis gaan staan en je ideeën de wereld in schreeuwen, al vinden de buren dat mogelijk minder leuk.

Mijn oplossing was anders. Ik liep het kantoor van een krant, de Tubantia, binnen om voor te stellen om mijn gedachten als columns de wereld in te sturen. Dit boekje bevat een verzameling van de columns die de krant niet haalden. Stuk voor stuk columns over het studentenleven.

Heb je geen zin om te lezen? Probeer dan de bierkaart in dit boekje maar eens vol te drinken of kijk op de bijbehorende facebook pagina:

https://www.facebook.com/opdekroeg

Voor S. & Y.

Inhoudsopgave

Haa Jee

Een nieuwe huisgenoot is een jaarlijks terugkerend fenomeen in studentenhuizen. Na lange hospitatierondes, die soms wel wat weg hebben van een talentenjacht, wordt er één gekozen die als Haa Jee het kleinste en smerigste kamertje van het huis mag betrekken. En hij is er nog blij mee ook.

Nog wel... Want zijn takenpakket als HJ kent hij nog niet. Als oudere bewoner zie ik het als mijn taak om de nieuwe spruit een beetje op te voeden. Zo zonder zijn moeder weet hij zich immers geen raad. In het begin is het vooral zaak het 'onbedorven' jongetje wat naïviteit en slechte, door zijn moeder aangeleerde maniertjes, te laten kwijtraken.

Een goede manier is het uithalen van wat kleine geintjes. Als huis hebben we bijvoorbeeld de traditie om er een weekendje gezellig opuit te gaan, elke keer als net een nieuwe HJ zijn kamer betrokken heeft.

Natuurlijk mag de HJ niet mee, hij moet immers op het huis letten en zorgen voor de goudvissen. Het aardige is dat elke nieuwe HJ dat heel normaal vindt en totaal geen nattigheid voelt.

Net voor vertrek wordt door onze meest gevaarlijk uitziende huisgenoot met dreigende stem verteld dat hij de HJ zal verdrinken in het aquarium als er wat met de vissen gebeurt. Natuurlijk knikt de HJ dan braaf en belooft plechtig dat hij goed voor de vissen zal zorgen. Zijn bangheid en naïviteit zorgen ervoor dat hij onze lachende gezichten niet opmerkt.

We maken zijn taak als huisoppas namelijk niet makkelijk. Zo worden er elke keer een aantal dingen in huis ‘aangepast’. Iets voor vertrek wordt een fles wodka in het aquarium gegoten zodat de vissen het niet overleven en de spoelbak van het toilet wordt onklaar gemaakt met enkele bakstenen.

Vervolgens vertrekken wij en wordt de HJ alleen achter gelaten. Tijdens een dergelijk weekend hebben we natuurlijk de grootste lol. Want wij weten wel dat de eerste avond enkele goudvissen naar boven komen drijven. En het toilet bezorgt de HJ in de volgende dagen ook de nodige problemen. Steeds zal hij een emmer moeten meenemen voor het doorspoelen, want aan sabotage denkt meneer natuurlijk NOG niet. Die naïviteit is eigenlijk best schattig.

Terugkomen is vervolgens ook geweldig. De Haa Jee staat al met een bang gezicht te wachten. Als één van ons vraagt hoe het is gegaan met de goudvissen breekt het zweet hem uit en vertelt hij stotterend dat die zijn overleden. Hij snapt niet waarom. Hij maakt zich klaar voor een vijandige reactie maar in plaats daarvan staan wij lachend voor hem. Vanaf dat moment is hij altijd op zijn hoede voor geintjes en zal hij nooit meer naïef gedrag vertonen, anders halen we nog wel wat geintjes met hem uit.

Alle ouders van onze (oud)huisgenoten mogen ons hiervoor dankbaar zijn. Wij nemen hun taak immers belangeloos over en pakken de mogelijke naïviteit keihard aan. En mocht de HJ dit niet aankunnen en vertrekken, ach dan houden we als huis gewoon nog een aantal hospitatierondes, kandidaten genoeg.

Afwascommunicatie

Toen ik nog thuis woonde was het 'wie moet de afwas doen' probleem altijd snel opgelost.

"Kalle en Lisette jullie doen de afwas!" schreeuwde mijn vader dan naar boven. Zo wisten we meteen waar we aan toe waren. Braaf als we waren luisterden we ook nog en deden gedwee de afwas. Gelukkig viel de hoeveelheid altijd wel mee, dankzij de afwasmachine die bij mijn ouders in huis stond.

Helaas is een dergelijk apparaat in ons studentenhuis niet aanwezig en is de afwas vaak ook nog een stuk omvangrijker dan thuis. Blijft de vraag: "Wie gaat het dan doen?" Er is immers geen vader meer om de opdrachten uit te delen en naar boven te schreeuwen.

Vaak wordt gebruik gemaakt van een zogenaamde corveelijst. Als nummer 1 kookt, moeten nummer 2 en 3 afwassen. Op zich een erg goede oplossing, ware het niet dat er altijd huisgenoten zijn die op de één of andere manier onder hun afwasbeurt uit weten te komen. Ze zijn immers druk met 'echt belangrijke zaken', maken naar eigen zeggen weinig vies en ze eten toch bijna niet mee!

En wat doe je dan? Je vader vragen om een keer langs te komen om Jan-Maarten even wat verantwoordingsgevoel in te peperen?

Zijn moeder bellen om te klagen over haar zoon?

Nee! Als student kom je zelf voor je rechten op, al werkt het niet echt mee dat Jan-Maarten elke keer dat je hem op zijn afwasbeurt wil aanspreken net weg moet of oordopjes in zijn oren heeft. Ondertussen blijft de afwasrommel zich maar opstapelen op het aanrecht, want voor Jan-Maarten opruimen dat doe je niet meer.

Gelukkig heb ik nu de oplossing gevonden voor die troep in de keuken. Als het te lang duurt voordat Jan-Maarten afwast, zet ik het in zijn kamer. Hij is toch niet vaak thuis en zo ziet de keuken er meteen een stuk netter uit. Daarnaast is deze manier van opruimen wel leuk, denkend aan Jan-Maartens verbaasde gezicht als hij zijn kamer instapt.

Een nadeel: het gevaar is dat hij 's nachts bij thuiskomst in het donker struikelt over de afwas en zo mij uit mijn slaap houdt. Ach, je moet er wat voor overhebben om minder te hoeven afwassen...

'Studeren' in de Bieb

Mijn ouders zijn de laatste tijd blij met mij. Ik heb ze namelijk verteld hoeveel ik studeer in de universiteitsbieb, hoe vaak ik keihard blok om dit jaar alle tentamens wél te halen.

Elke dag ga ik naar de bieb met mijn boeken onder de arm. Ik heb er zelfs een eigen kluisje. Elke dag zoek ik een mooi plekje tussen de boeken. Toen ik het vertelde, sprong mijn vader nog net geen gat in het plafond, maar het scheelde niet veel. Hij moest eens weten...

Ja, initieel kwam het plan om in de bieb te gaan zitten voort uit het feit dat ik dacht dat het een omgeving was waar je rustig kon studeren. Ja, ik dacht dat ik daardoor met gemak al mijn tentamens zou halen. Gewoon een paar uurtjes in de bieb de sheets van de gemiste colleges doorkijken en klaar ben ik. Tenminste, dat dacht ik....

De bieb blijkt echter zoveel meer te bieden te hebben, en dan heb ik het niet over boeken, verdieping of competentieontwikkeling.

Ten eerste blijken al die boeken een echte vrouwen magneet. Het lijkt soms wel of het voor mooie vrouwen verplicht is om dagelijks in de bieb te zitten en aangestaard te worden door niet studerende, mannelijke medestudenten.

Daarnaast kun je er koffie drinken met Jan en alleman. Het feit dat zij het in de boeken duiken ook erg saai vinden, schept toch een band. Initieel is de koffie drink frequentie nog één keer per uur, maar al gauw wordt het vaker, en vaker. Net zolang totdat je meer koffie of zelfs bier aan het drinken bent dan daadwerkelijk studeren. Tja, hadden ze bij de bieb maar niet een mooi terras in de zon moeten maken.

Toch hoeven mijn ouders niet te vrezen, want ook van de gesprekken met mijn nieuwe vrienden steek ik wat op. Zo weet ik nu precies in welk gedeelte van de bieb de knapste studentes zitten. Zo maar eens vragen of één van die dames mij misschien thuis bijles wil geven, want hier in de bieb wordt het zo met de tentamens natuurlijk nooit wat...

De consumptieconjunctuur, de maand is te lang

De 24ste van de maand, voor de meeste mensen een dag als anderen, maar voor studenten heel speciaal. Al dagen van tevoren leven we naar deze dag toe door dagelijks een bezoek te brengen aan het pinorakel. Maar steeds blijft de automaat stil en geeft die ene hatelijk boodschap weer: "Uw *saldo is ontoereikend.*"

Goed dan is het dus weer zo ver, de 24ste, de IBG is binnen. Het pinorakel brengt eindelijk weer eens een positieve boodschap. Gelukkig loop je naar de slijter om jezelf meteen te trakteren op een goede fles whisky. Een simpele Glen Livet, een Glen Fiddich of toch een iets betere whisky zoals een Lagavulin of een Balvenie? Ongeveer 90 euro lichter stap je met je Balvenie - Peated Cask 17 Years Old de slijterij weer uit terwijl je de slijter een goede maand toewenst.

En laat er nou naast de slijter een sigarenboer zitten. Wat is er nou lekkerder bij whisky dan een goede sigaar? Nog 10 euro lichter stap je op je fiets om naar huis te gaan. Onderweg nodig je wat vrienden met whiskykennis uit (niet te veel natuurlijk) om de Balvenie soldaat te maken, want drinken doe je natuurlijk niet alleen. Zo zit je aan het eind van de avond voldaan met een sigaar in de hand terwijl je kijkt naar de lege Balvenie fles waar je reeds een groot gedeelte van je IBG toelage aan hebt besteed.

Naast het whisky drinken, pak je het trakteren op champagne tijdens het stappen (dat je de week voor de IBG een beetje had laten varen) ook weer op. En eten? Dat moet ook goed smaken dus ga je naar de slager in plaats van naar de supermarkt. De supermarkt is voor paupers. Iets duurder, maar dan heb je ook meteen veel betere kwaliteit.

Dit houd je vol totdat het onvermijdelijk weer gebeurt ongeveer een week voor de 'deadline'. Het IBG geld is op en bij paps en mams wat halen is wel het laatste wat je wilt. Wederom ben je dus blut. Elke dag ga je weer langs het pin orakel en zo leef je naar de 24ste toe.

Om te overleven doe je meerdere dingen. Je nodigt jezelf uit bij de vrienden die mee hebben gedronken van de whisky. Hebben ze commentaar als je niet meehelpt met de afwas? Dan noem je ze nog even fijntjes de prijs van de whisky, werkt altijd. Maar als ze je er na 3 dagen toch uitschoppen zul je er aan moeten geloven, een opvanghuis voor studenten is er immers niet in Enschede.

Je pakt dus je OV en gaat als laatste redmiddel naar je ouders. Nog een paar dagen en dan is het weer de 24ste, tenminste als ik het pin orakel mag geloven..

Huisraad

Iedereen heeft wel eens een huiskamer ingericht. In design bladen wordt gekeken hoe het volgens de kenners zou moeten en aan de hand daarvan wordt een erg mooi plan in elkaar gedraaid.

"Mmm goudbruin is in. Laten we dat maar op de muur smeren en dan doen we die en die bank erbij want die past goed bij het dressoir dat we van oudtante Jannie hebben georven. We gaan wel even naar de woonboulevard in Hengelo."

Alles wordt tot in de puntjes op elkaar afgestemd en moet nieuw zijn, de huiskamer is immers de plaats waar je gasten ontvangt.

In ons studentenhuis gaat het er anders aan toe. Ook wij vinden het belangrijk om een gast goed te ontvangen, maar dat wil niet zeggen dat de inrichting van onze kamers tot in de puntjes is gepland.

Dat is een proces geweest van een aantal jaren. Ten eerste de verf op de muren van de huiskamer. Niemand heeft zin om hier geld aan te besteden, de 'opknaptoelage' die ik van pa heb gekregen voor mijn kamer is dan ook opgegaan aan drank en een tweepersoonsbed. In de studententijd is een tweepersoonsbed immers een must. Dus hebben we voor de slaapkamer de restjes verf gebruikt van huisgenoten die hun 'opknaptoelage' wel aan verf hebben besteed. Hierdoor zit er enigszins kleurverschil in de muren maar ach, ik slaap er alleen maar.

Voor de inrichting van de huiskamer bleek eigenlijk niemand echt geld over te hebben, eigen kamer eerst was de belangrijkste regel. Goedkope vloerbedekking daar wil iedereen nog wel aan meebetalen, maar voor sfeerbepalende spullen wilde niemand echt betalen.

Gelukkig blijken bierpullen uit de kroeg makkelijk verkrijgbare en sfeervolle vazen. Een verkeersbord van Enschede staat toch wel erg mooi boven de deur. Verder ontdekten we dat een verkeersbord op een kratje bier erg geschikt is als bijzettafeltje en de nodige flesjes houdt.

Dan hetgeen waar het om gaat, het zitten. Een bank kostte ons zelfs bij de tweedehandsshop nog te veel en was dus geen optie. Al snel hadden we een oplossing. We vonden een geweldige bank bij het grofvuil die we zo 's ochtends vroeg nog net van de vuilniswagen konden redden. Dat het met een paar huisgenoten op de fiets meenemen van een bank wel lastig is na een avondje stappen bleek toen wel, maar ach 's middags stond ie toch maar mooi in de huiskamer.

En op een feestje kun je heel gemakkelijk met een stoel weglopen als niemand je kent. Als je handig bent vraag je zelfs aan mensen om de schuifpui voor je open te doen, de stoel moet immers weg om meer ruimte te maken om te dansen.

Wij gebruiken dus alles wat voorhanden is om onze huiskamer in te richten: restjes verf, banken redden we van het grof vuil, we zorgen voor een dansvloer op feestjes en verkeersborden gaan bij ons ook nog jaren mee. Dit maakt ons studenten de motor achter de huiskamerinrichting hergebruik industrie. Het voordeel hierbij is dat wij geen last hebben van eenkennigheid bij dit hergebruik. Of het dressoir nou van oudtante Jannie is geweest of niet, dat boeit niet, zolang het maar gratis is!

De fietsjatkringloop

Is u ooit een fiets aangeboden door een junk? Een goed uitziende fiets die je na enig afdingen ook nog voor een schappelijke prijs mag meenemen? Een maximum prijs van 5 euro is hierbij eerder regel dan uitzondering. Nadelen zijn er echter wel:

1. Je moet uitkijken dat er geen politie in de buurt loopt.
2. Ze hebben niet altijd de kleur fiets die jij graag wilt.
3. Hun openingstijden laten nogal te wensen over.

Daarom was ik zo blij met onze onderburen, echte, stevig gebruikende junks. Heroïne, cocaïne, speed, ze konden je er van alles over vertellen. Trainspotting was er niets bij.

Ze zorgden voor wat gezelligheid bij de flat dankzij de mannetjes op scooters die af en toe langskwamen, het samen gebruiken voor de flat en ga zo maar door. Maar er zaten nog meer leuke kanten aan onze onderburen. Ze gaven ons namelijk de mogelijkheid om de theorie van de fietsjatkringloop in de praktijk te brengen. Elke keer als ze thuiskwamen deden ze dat namelijk op een andere fiets, zonder slot...

Dus als er dan weer een keer een fiets van één van mijn huisgenoten gejat was door waarschijnlijk een andere junk, keken we gewoon tussen de beschikbare fietsen in de fietsenstalling. We kozen de mooiste uit en zette hem in onze kelder waar hij vakkundig overgespoten werd in de door ons gewenste kleur.

En werd de 'nieuwe' fiets weer gestolen door de volgende schakel in de kringloop? Dan maakten we gewoon weer gebruik van de flexibele openingstijden van onze onderburen.

Scheelt toch mooi weer 5 euro! En politie? Nee, die hebben we bij ons in de buurt nooit gezien.

De oppikplek

Wat dacht u dat 's nachts de favoriete oppikplek is van de Enschedese student? Het Gat in de markt, de Lunatic of een andersoortige discotheek? Nee, niks van dit alles. De beste ontmoetingsplek is: 'De Muur'. U weet wel, de automatiek op de Oude Markt net onder de Japanner waar altijd de geur hangt van te lang gebakken patat en dito frikadellen.

De plek waar je leert hoe je twee kroketten uit de automatiek krijgt voor de prijs van 1 (de truc is om twee vakjes tegelijk open te trekken en daarna hard weg te lopen) en er zijn altijd bekende, dronken mede studenten voorhanden om tegenaan te ouwehoeren. Waar het 'ideaal' vrouwen oppikken is als je standaard door overmatige alcoholconsumptie iets lager ligt dan normaal. Een dergelijke plek trekt nou eenmaal een bepaald soort, frikadellievende vrouwen. Hoe je ervoor zorgt dat je huisgenoten haar niet te zien krijgen? Dat zie je morgen dan wel weer. Eerst maar even samen met haar een frikadel eten.

Maar 'De Muur' heeft als oppikplek meer voordelen. Hij is bijvoorbeeld ideaal om een blinddate op te pikken! Hij ligt midden in de stad zodat je vanaf een terras bij Mollies je blinddate kunt checken zonder dat de dame in kwestie het doorheeft. Mocht ze in het ergste geval te veel in de omgeving van vette frikadellen en ongezonde friet 'opgaan', dan blijf je gewoon bier drinken op het terras. Hoe je het niet op komen dagen weer goed praat bij haar wel knappe vriendin zie je morgen wel weer. Eerst nog maar even een 'laatste' biertje.

Eigenlijk is er maar een nadeel aan oppikplek 'De Muur': ze hebben er geen shoarma. Al schijnt dat het oppikken ten goede te komen. Iets met knoflooksaus en de onbedwingbare lust om te kijken of er echt niet meer saus op je broodje past...

Goed bedoeld

Er wordt wel eens gezegd dat wij studenten weinig uitvoeren, maar we zijn niet de enigen. Volgens een bericht in de Tubantia op zondag heeft de gemiddelde Twentenaar een lagere productiviteit dan zijn Westerse equivalent. In hetzelfde bericht geeft dhr. Hospers hier als reden voor dat de Twentenaar wel hard werkt maar dan vooral aan producten waar geen vraag naar is, waardoor deze niet meetellen in de productiviteit. Goed bedoeld, maar zinloos dus.

Fijn dat de gemeente Enschede zijn best doet om niet uit de toon te vallen. Zo startte zij ooit de campagne 'Kleur de Stad' waarvan het resultaat nog steeds op zich laat wachten. Zij laat rond het Van Heekplein zoveel winkels verrijzen dat elders in de stad steeds meer leegstand te bespeuren is. En ach... parkeergarages die slechts voor 10 procent gevuld zijn dat is ook een goede investering, want zo is er immers altijd plaats. Gelukkig maar...

Stel dat de gemeente wel zinvol en nuttig bezig was geweest. Dan had het centrum er geheel anders uitgezien. Dan waren ze misschien wel zo slim geweest om ons als studenten te polsen voor verbeteringen; waarom zou je de aanwezige kennis immers niet gebruiken? Zo was de plaatsing van de Universiteit Twente toch ook ooit bedoeld? Als een injectie voor de economie, zowel op het gebied van kennis alsook financieel.

Wij, als studenten, hadden zeker geen grote parkeergarages laten aanleggen. Wij doen immers het meeste op de fiets. Leegstaande gebouwen hadden een interessante functie gekregen. De schouwburg had als bibliotheek of collegezaal kunnen dienen, Zuidmolen zou niet meer opgevuld hoeven te worden met Jaguars, maar was een gezellig studenten-meeting-point geworden met een kroegje en op het Van Heekplein waren enkele terrassen verrezen.

Tja als.... Helaas... We zullen het moeten doen met wat de gemeente ons heeft voorgeschoteld en anders kunnen we beter zo snel mogelijk vertrekken.

Het is dan ook niet voor niets dat Enschede voor ons studenten de stad blijft waar we enkel ons papiertje halen en vervolgens weer snel wegvluchten. WEG willen we! Naar een stad waar niet alle goede bedoelingen in schoonheid sterven. Want aan goede bedoelingen alleen heb je niks, de productiecapaciteit moet ten volle benut worden. Bij een bakker die een krentenwegge zonder krenten bakt, koop je niks. Hij bedoelt het misschien wel goed, maar het is zinloos.

Zaterdagochtendfrustraties

Morgenstond heeft goud in de mond. Nou, niet als je in het centrum van Enschede woont hoor. Na een rustig avondje Bockbier hakken in de Beijaard word ik, zoals elke ochtend, wakker door de stadsreinigingsdienst die de bladeren en zooi van de afgelopen nacht opruimen. Met een klein arsenaal aan blaasinfanterie wordt alles losgeblazen, waarna de cavalerie, in de vorm van een soort mobiele meukzuigmachine, de boel opzuigt. Degene die dat mooie speelgoed bedacht heeft, heeft zich klaarblijkelijk nooit druk gemaakt om dingen als geluidsoverlast, maar dat terzijde. Als het goed is, is het half acht. Je kunt namelijk zeggen wat je wilt van de jongens, maar stipt zijn ze wel altijd.

En dan, terwijl ik langzaam wakker word besef ik het me: Oh nee hè! Het is zaterdag en ik heb m'n fiets buiten laten staan!

Meteen klaarwakker stap ik mijn bed uit, schiet de vieze kleren van de vorige avond aan, loop richting voordeur en klik terloops het koffiezetapparaat aan. En ja hoor, waar ik al bang voor was is wederom gebeurd; Mijn fiets is weer eens naar de tering. Er zijn enkele spaken uit het wiel geschopt en de bel is er af gejat. Na een zucht van moedeloosheid haal ik mijn fiets maar van het slot, om hem naar de stalling te slepen, de schade verhelp ik later wel. Ik pak het stuur beet om de fiets weg te rijden maar... Het heeft toch niet geregend vannacht? Met tegenzin breng ik mijn hand naar mijn neus en ruik eraan. Gadverdamme! Een penetrante pislucht vult mijn neusgaten.

Jezus kansloze rukkers! Kunnen jullie je niet vermaken zonder en passent spullen van anderen te slopen? Kunnen jullie elkaar niet meer verrot meppen bij "De Muur" omdat er cameratoezicht is geïnstalleerd? Wilde Anita niet mee brommers kieken of had Sjonnie net die piercing in zijn wenkbrauw laten zetten die jij ook wilde? Wat de frustraties ook mogen zijn, kunnen jullie je niet gewoon op een vrolijke manier kapot zuipen in de Skihut of naar wat voor tenten jullie ook mogen gaan? Want altijd is het weer gezeik met jullie. Wij studenten gaan toch ook niet naar Glanerbrug of Enschede Oost toe om daar in jullie brievenbus te zeiken of 'ik ben een tukker' in de verse lak van jullie gepimpte Opel Astra te krassen? Rot op en ga gewoon eens met elkaar grappen maken en lachen tijdens en na het zuipen!

Nadat ik de zeik van mijn fiets heb afgespoeld en deze in de stalling heb gezet, loop ik over de Klokkenplas naar huis en zie iemand van de reinigingsdienst een drietal fietswrakken opruimen. "Ze zijn weer lekker bezig geweest vannacht, of niet?" vraag ik. "Ach ja, die jongens lusten wel een jointje en zijn daardoor af en toe een beetje wild hè!" krijg ik als antwoord terug. Ik lach binnensmonds en denk: je zou wel anders praten als het de jouwe was geweest, kansloze gast. Ik loop verder.

Eenmaal thuis, was ik mijn handen, pak mijn halve litermok, plemp hem vol met koffie en laat mezelf op de bank vallen. Zo, mijn weekend is eindelijk begonnen! Laat de Duitsers maar komen.

Hebben jullie ook studentenkorting?

Wat is het toch heerlijk om student te zijn! Als student word je gediscrimineerd bij het leven, in positieve zin wel te verstaan. Je hoeft in welke gelegenheid dan ook maar met je collegekaart te zwaaien en je krijgt automatisch een fikse korting. Een biertje voor één euro (in plaats van 1,80) in de Aspen, een paar euro van je rekening af bij een avondje poolen, 5% korting bij de aanschaf van computerapparatuur en ga zo maar door.

En waarom eigenlijk? Is het dat studenten zo arm zijn? Nou, dat valt wel mee; de student heeft alleen maar zichzelf te onderhouden, geen hond en geen kinderen die je karige nettoloon minus woonlasten nog verder uitzuigen. Daarbij hebben de meeste studenten wel een bijbaan en lenen bij de IBG kost bijna niets! Studenten geven verhoudingsgewijs meer uit aan drank, uitgaan en vakanties dan wie dan ook, dus dat we zo arm zijn, valt nog wel mee.

Is het dan omdat bedrijven de studentenkorting als investering zien, erop rekenend dat de studenten ooit afstuderen en dan wel zullen terugkomen? Hier hebben wij twee antwoorden op.

1. Je kunt niet zeggen of en zo ja, wanneer een student afstudeert, waardoor je investering nogal gewaagd wordt.

2. Enschede is nou niet echt een locatie waar veel afgestudeerden blijven hangen, bijna iedereen gaat weg en ziet dat favoriete kroegje nooit, maar dan ook NOOIT meer terug.

Maar waarom is er dan studentenkorting? De enige reden die wij verder nog kunnen bedenken is omdat wij studenten gewoon cool zijn en de middenstand ons graag hun tenten ziet bevolken. Immers, studenten dragen vaak bij tot een gezellige sfeer.

Maar middenstand: wees op je hoede! Hoe gaaf jullie ons studenten ook wellicht zullen vinden, dit zal ons er niet van weerhouden jullie zoveel mogelijk een poot uit te draaien. Studenten zijn schooiers hoor, tuig van de richel en door de bank genomen niet te vertrouwen.

Zo was een van ons laatst met een niet-studerend meisje uit naar de bioscoop. Bij de kassa werd weer met de collegekaart gezwaaid, wat wederom zou resulteren in een paar knaken korting. Totdat het meisje plotseling zei: "Oh... maar ik studeer niet hoor..." Beide studenten (het meisje achter de kassa studeerde ook) staarden haar met opengevallen mond aan. Hoe Kan Je ZOOOOOOOOOO Eerlijk Zijn??!?!? We keken elkaar aan en gaven elkaar een knipoog, we begrepen elkaar volkomen. Beiden kenden de basisregel van het student-zijn: probeer altijd zoveel mogelijk voordeel uit elke situatie te halen, zelfs als je daarvoor een beetje moet jokken.

Dussuh... middenstand: we zijn heel blij dat jullie ons zo verwennen, maar wellicht zouden jullie ook wat meer aandacht kunnen besteden aan de Tukkers in Enschede. Zij zijn namelijk wél te vertrouwen!

Lui, nee echt niet!

Wij studenten staan vaak te boek als lui, nou dat zijn we dus niet. We staan wel later op maar gaan ook later naar bed. Zoals u zich wel voor kunt stellen, houden we ons aan het aantal uren slaap dat ons lichaam volgens de boekjes nodig heeft: 4 uur.

Dit zorgt ervoor dat we meer dan genoeg tijd hebben om 10 uur op een dag op de UT bezig te zijn (inclusief eten), en ook nog tijd te vinden voor uiterlijke verzorging en enige vorm van ontspanning. Die ontspanning heeft vaak de vorm van het drinken van bier in een café.

Misschien ziet u dit als tijdverspilling, maar dan mist u toch iets. Wat voor u mogelijk 'dom bier drinken' is, is namelijk belangrijker dan u denkt. We oefenen dan namelijk op het netwerken met andere mensen. Dat zou u ook moeten doen. Iedereen weet immers, hoe groter je netwerk des te groter de kans op een succesvolle carrière. Hoe meer 'Jan-Maartens', 'Dotte-Karlijns' en 'Frederik-Willems' in je netwerk, hoe beter het is. En dat je daarvoor veel bier moet drinken, is een opoffering die wij graag doen.

We zijn dus maar liefst de helft van onze dag bezig met het bouwen aan een succesvolle carrière, zowel op de UT als in de kroeg.

Mocht u dus op straat een student tegenkomen met rooddoorlopen ogen en een redelijk wit gezicht die zwalkend loopt, denk dan niet: "Bah luie dronkaard!", maar heb respect. Deze student heeft de vorige dag te lang met Jan-Maarten en Frederik-Willem moeten werken aan zijn carrière..

Nog beter: betekent u ook wat in de wereld? Vraag hem of hij zin heeft in een bakje koffie, want koffie is de zwarte motor waarop wij lopen. De student zal meteen opfleuren en u profiteert van zijn netwerkgedrag! Goed voor uw carrière..

Iedere huisgenoot heeft een goede kant

Mijn huisgenoot heeft weer eens beloofd dat hij deze week zijn zooi zal gaan afwassen. Jaja, we zullen zien. Dat verhaal kennen we. Het klinkt net als toen hij laatst beloofde de kamer te stofzuigen, zijn rommel in de kamer op te ruimen en er niet meer te blowen.

Nog steeds breek ik bijna al mijn botten over 'smeerkees' zijn spullen om gewoon de bank te kunnen bereiken. Tot overmaat van ramp blijven er ook nog allerlei etensresten aan mijn sokken zitten en word ik na 10 minuten in de huiskamer al gratis high.

Maar voor de rest is hij best te harden hoor, alleen al vanwege zijn lekkere zus. Als die langs komt vergeet ik spontaan alle halfopgerookte joints op de grond en ruik ik niet meer dat mijn huisgenoot toch echt wel een keer een douche nodig heeft. Ik denk er niet meer aan hoe ik kan zorgen dat Kees eindelijk eens de afwas gaat doen maar enkel aan hoe ik zijn zus op mijn schone kamer zou kunnen krijgen.

Krentenwegge

Iedereen heeft het toverwoord steeds vaker in de mond, integratie. Dat zou de reden zijn dat de allochtonen en autochtonen in Nederland niet gezamenlijk koffie drinken met een lekker stuk krentenwegge erbij. Terwijl dat misschien wel zo gezellig zou zijn. Lekker praten over ons gezamenlijk kenmerk:

Nederland!

'Het kabinet doet het helemaal verkeerd. "Als ik daar zou zitten zou ik het wel weten." is de algemene opinie. Maar is het wel zo makkelijk om te zeggen dat de integratie van een minderheid mislukt is?

Nee, wij denken van niet. Om dat te onderstrepen een het volgende voorbeeld van dichtbij huis. De Enschedese studenten. De twintig duizend personen die van overal in den lande naar Enschede stromen om hier voor het eerst kennis te maken met de krentenwegge, Duitsers, Grolsch en de autochtone Tukkers. Maar kunnen we het wel kennismaken met de autochtone Tukkers noemen? Eigenlijk spreken we ze enkel als zijnde de caissière bij de AH, de postbode, de huisbaas of die dronken gast op de Oude markt. Een nieuwe allochtone minderheid is geboren:

De Enschedese student!

Het leuke hierbij is dat wij in tegenstelling tot andere minderheden met vreugde worden toegelaten. We worden gezien als volkomen geïntegreerd terwijl het Enschede gevoel bij ons vaak volkomen ontbreekt. We hebben dan ook voor allerhande zaken onze eigen vereniging opgestart. Verenigingen om tukkerloos te kunnen sporten, cultuur te ervaren, het gezellig te maken en ga zo maar door. We hebben zelfs onze eigen uitgaansavond. De donderdag is de avond die wij van de Enschedese middenstand toebedeeld hebben gekregen.

Niet alleen worden onze afsplitsinggroeperingen geaccepteerd, ook wordt ons gedrag altijd goedgepraat. Want mochten wij een bord of vlag brassen dan wordt dat nog gezien als humor ook. Misschien dat de eigenaar het niet heel gaaf vindt maar de rest van Enschede lacht wel gezellig met ons mee om dit studentikoze gedrag.

Ondertussen drinken we echter nog steeds niet gezamenlijk met de autochtone Tukkers koffie of eten we krentenwegge. Is de studenten integratie in Enschede dan toch mislukt? We denken van niet. Grolsch wordt door ons erg gewaardeerd en om goed met iemand om te kunnen gaan hoef je niet dezelfde ideeën te hebben. Wel zou het grappig zijn om een keer wat vaker met autochtone Tukkers te praten over wat wij gezamenlijk hebben: Leven in Enschede! Misschien dat het Enschede gevoel dan ook nog een keer ontstaat.

Openbare toiletten

U kent dat wel. U bent op het station en de trein wacht. Helaas hebt u thuis geen gehoor meer gegeven aan de drang om naar het toilet te gaan want de bus wachtte.

Nu bent u op het station en moet u nog steeds, maar u heeft de bus in ieder geval gehaald. Shit, wat doe je dan? U kunt er natuurlijk voor kiezen om van die 'geweldige' voorzieningen gebruik te maken die de NS in zijn treinen gemonteerd. Helaas zijn die vaak net zo schoon als de rest van de trein dus u besluit dat u zich niet in dat bacteriënparadijs wilt gaan begeven. Wat dan?

Als ervaren treinreiziger weten wij studenten hier een andere 'interessante' optie voor:

Het openbare toilet.

Een ruimte veelal ergens in een donker hoekje van het station, met een toegangsdeur die tegen betaling van 50 eurocentjes opengaat. Of de minder luxe versie waar het 'good old' schoteltje nog in gebruik is.

Dan het toilet zelf. Vaak wordt het bestierd door een oudere dame die het als een mooi excuus kan gebruiken om eens een dag niet voor haar man te hoeven zorgen. Zij houdt de ruimte zo goed en zo kwaad als het gaat schoon. Dan de aankleding. Die verschilt heel erg per openbaar toilet. Zo heb je de kale, onpersoonlijke volautomatische toiletten met klinisch licht maar ook de toiletten die door eigenaressen geheel zijn veranderd in een soort huiskamers.

Zo zat ik in Nijmegen eens op een toilet waar de foto's van de, naar ik aanneem, kleinkinderen me lief aanstaarden. Ik hoefde meteen niet meer, want zegt u nu zelf, u zit toch ook graag alleen op het toilet? Uitzonderingen daargelaten natuurlijk, maar daar houd ik me liever niet mee bezig.

Een ervaring in het buitenland heeft me echter doen beseffen dat de openbare toiletten in Nederland nogal goed zijn. Misschien zou ik me wat minder 'Nederlands' moeten gedragen.

In Polen bijvoorbeeld heeft men de voorzieningen wel, maar zijn ze niet aangesloten (ik waarschuw u maar vast, zelf heb ik het op de natte manier moeten merken :S).

Dat is erg 'shit' kan ik u zeggen..

OV

Aan het begin van je studie heb je hem vrolijk in ontvangst genomen, je Ov-kaart. Een kaart van 5,5 cm bij 6 cm in geweldige kleuren die ervoor zorgt dat Nederland ineens een stuk kleiner wordt. Tenminste dat denk je. Je houdt er namelijk geen rekening mee dat de NS er zo nu en dan zijn eigen dienstregeling op na houdt.

'Er zit een stoptrein voor ons' en 'in verband met natte/gladde/droge sporen moeten we onze snelheid aanpassen' zijn slechts enkele kreten die door de intercom klinken als je weer eens in de trein zit.

De leukste reden voor vertraging heb ik echter gehoord toen ik toevallig eens dichtbij de machinist en de conducteur zat, omdat er in de normale compartimenten weer eens geen plaats was. De duidelijk zwaar rokende machinist kwam net voor vertrek zijn werkplek uit en deelde de conducteur mee:

“Henk, ik ben nog even een pakje shag halen. Regel jij even dat we wat later weg kunnen?”

De conducteur gaf aan dat varkentje wel even te wassen. Hij vertrok naar zijn hokje en even later klonk over de intercom:

‘Wegens een technisch mankement vertrekt deze trein met 5 minuten vertraging.’

U mag weten dat ik toen ook wel even van kleur verschoot. En dan heb ik het er nog niet eens over dat de machinist werkte in een rookvrije trein, dus wat hij precies met de shag moest...

Pakjeskoken is de oplossing

Ook wij studenten koken. Misschien niet allemaal even culinair hoogstaand, maar toch, we koken. Eerst halen we de ingrediënten bij de dichtstbijzijnde supermarkt en vervolgens gaan we de keuken in. Alles wordt gesneden en de aanwijzingen op het gekochte pakje worden gelezen.

Wij studenten zijn de Honig, Knor en Unox dan ook erg dankbaar. Dankzij hen is zelfs het eten van de slechtste kok nog te eten en iedere student heeft wel een huisgenoot die niet kan koken. Als die besluiten om eens zelf een gerecht te bedenken gaat het onherroepelijk mis.

Zo was een vriend van ons na een bezoek aan Thailand zo enthousiast over het land dat hij als traktatie een Thaise taart wilde bakken. Nou dat hebben we geweten! Meneer had het dubbele aan ingrediënten van deze zogenaamde eiertaart gekocht, want anders was hij bang dat het niet genoeg zou zijn. Het resultaat hiervan was een taart die 30 eieren bevatte.

Uit beleefdheid hebben we hem toch maar geproefd, zijn vervolgens richting het toilet gerend en daarna hebben we hem zeer indringend toegesproken. We hebben hem duidelijk gemaakt dat 'HEEL VEEL VAN HONIG en niks van Erik Pieter' een betere oplossing was. Sindsdien is de eiertaart achterwege gebleven maar we zijn nu al bang voor zijn volgende traktatie...

Respect & Bier

Moeders proberen hun zonen altijd bij te brengen dat je vrouwen met alle egards moet behandelen. Logisch natuurlijk want ze zijn zelf ook vrouwen. In Enschede breng ik deze manier van denken eigenlijk altijd in de praktijk. Misschien vanwege de hoeveelheid vrouwen die hier rondloopt (dik lager dan het landelijk gemiddelde). Maar soms lijkt mijn hoffelijkheid als sneeuw voor de zon verdwenen.

Zo kwamen we laatst strompelend de trap bij de Lunatic af, niet omdat we zin hadden om naar huis te gaan, maar enkel omdat de uitsmijters toch wel erg overtuigende argumenten op tafel gooiden. Als ik het mij 'goed' herinner boden ze aan om ons naar buiten te 'begeleiden'.

Zelfs met een redelijke hoeveelheid van het gele vocht in onze aderen snapten we nog wel dat het toch beter was om eieren voor ons geld te kiezen. Een keer zijn we namelijk wel vanuit een discotheek naar buiten begeleid. Dat was toch niet echt een gedenkwaardige ervaring, al voel je er op dat moment niet zoveel van.

De Oude Markt bleek al redelijk verlaten, slechts nog enkele groepjes hier en daar bij hun fietsen. De enige plaats waar nog wel wat te doen is baadt in een fel licht:

De Muur!

De sociale ontmoetingsplek waar je aan het einde van de avond iedereen tegenkomt, want drinken maakt hongerig. Een bamibal, een patatje Joppie, een vet balletje mayo, alle culinaire gerechten zijn te verkrijgen.

Een meisje met fiets aan de hand spreekt ons glimlachend aan: 'Hej! Misschien een rare vraag maar kan een van jullie mij misschien naar huis brengen? Mijn fiets heeft een lekke band.' We kijken elkaar aan en communiceren zonder het te zeggen dat we het niet gaan doen. Wij willen een warme hap en meer niet.

'Waar moet je dan heen?' 'Het Twekkelerveld? Nee, sorry daar woont geen van ons, maar succes met zoeken hè. Zou zonde zijn als je moest lopen.'

Het meisje bespeurt duidelijk niks van het sarcasme, want we krijgen nog een lieve tandenborstellach voordat ze op zoek gaat naar een andere redder in nood. Wij doen waar we voor gekomen zijn en halen elk een goede portie vet. We worden geholpen door de man die er wel 24 uur per dag achter het loket lijkt te staan. De frikadel blijkt van buiten beter dan van binnen maar dat zal de pret niet drukken. Na nog wat geouwehoerd te hebben gaat het richting de fietsen. Een van ons stapt op en vertrekt richting het Twekkelerveld.

Wat een avondje bier al niet kan doen met je hoffelijkheid.

Telefoonterreur1

12012304230943230404323320. Nee, dit is niet één of andere foute binaire combinatie die we bij één of ander vak als oplossing van een opdracht naar boven hebben gekregen. Al deze cijfers hebben wij moeten intoetsen toen we naar VROM belden. Het zit namelijk als volgt. Een van onze huisgenoten is in juli jongstleden vertrokken dus toen we daar van VROM een brief over kregen hebben we braaf geantwoord dat meneer Berkellenkamp vertrokken was. Nou toen begonnen dus de problemen. Meneer Berkellenkamp bleek zichzelf namelijk niet te hebben uitgeschreven op ons adres en daardoor kwamen de gegevens van VROM en de gemeente niet meer overeen. Dat bleek VROM niet zo gezellig te vinden. Wij ook niet want dat betekende dat we volgens VROM geen recht op huursubsidie hadden en het reeds ontvangen bedrag terug moesten betalen.

Het bellen begon... Maar probeer maar eens iemand aan de telefoon te krijgen... VROM bellen is als een soort van huwelijk. Je bent er lang mee bezig maar je komt er niks verder mee. Van menuutje naar menuutje werden we geleid. Dezelfde vrouwenstem vertelde ons steeds weer welke geweldige nummers we mochten kiezen, maar geen enkele keer was er de mogelijkheid om een telefoniste aan de lijn te krijgen.

Tja, zo kan ik ook wel een telefonische hulplijn beginnen. Toen we na een half uur bellen nog steeds nergens waren, de mobiele telefoon kuren begon te vertonen en mijn huisgenoten en ik van kwaadheid nog roder waren geworden dan een tomaat hebben we maar besloten te stoppen. We hebben een warm glas melk met honing genomen en onze volgende actie besproken.

We gaan verhuizen naar een studentenhuis zonder huursubsidie..

Tukkers

Zomaar een doordeweekse ochtend 8 uur 27 minuten en 3 seconden. Ik kom de trap afrennen bij de flat waar ik woon en sprint naar mijn fiets. Half 9 blijft erg vroeg als je de vorige avond tot half 3 hebt doorgezakt.

Ach, niet zeuren, dan had ik er maar rekening mee moeten houden dat ik vandaag een verplicht college heb, maar het bier smaakte gewoon weer te goed. Snel pak ik mijn fiets en slinger mijn benen over de stang en ga op de trappers staan. Op de hoek van de straat kom ik een van de buurttukkers tegen. Ik groet hem niet. Ik versta hem niet en hij mij niet, dus waarom zou ik? Hij roept me nog iets na maar ik besteed er geen aandacht aan en sla de van Heekstraat in op weg naar de UT.

Als ik een beetje doorrij ben ik slechts 2 minuutjes te laat. Nou daar kom ik nog wel mee weg. De rotonde met zijn lelijke auto 'kunstwerk' komt al in zicht en dat is maar goed ook want mijn lichaam laat weten dat deze snelheid toch niet echt geschikt is.

Toet toet toet! Zittend op mijn fiets kijk ik verbaasd achterom. De zwarte Mercedes achter me die dit geluid produceert knippert met zijn lichten. Mijn verbazing neemt nog meer toe als ik de man achter het stuur druk zie gebaren. Wat moet die vent van mij? Hij komt naast me rijden en doet zijn raampje open, ik vang slechts flarden op van wat hij zegt: "Oe tasse hejje loaten lieggen."

Heb ik die tukker soms afgesneden zonder dat ik het door had? Of moet hij iemand anders hebben? Ik kijk om me heen maar zie niemand anders. Ik schiet de rotonde over en besluit er maar geen aandacht aan te besteden, was vast een geintje van die gast. Nee, toch niet, de auto gaat ook rechts op de rotonde en blijft naast me rijden. Nogmaals schreeuwt de bestuurder door het geopende raampje 'Oe knipi heje loaten vallen.' Ik heb geen idee wat hij bedoelt en vertrouw het zaakje niet helemaal meer. Mooi dat ik pas op de UT stop, daar zijn mensen genoeg, kan hij toch niks doen.

Op de campus fiets ik naar de fietsenhokken bij de Spiegel. De auto is er nog steeds en stopt ook. Nog voordat ik weg kan is de man al uit de auto gestapt. Licht trillend wacht ik af wat er komen gaat, hulp zoekend bij de andere studenten die net hun fiets neerzetten. “Oe knip!”, zegt de Tukker, terwijl hij iets van achter zijn rug vandaan haalt. Iets dat minder dreigend is dan verwacht. Mijn portemonnee.

De man blijkt ineens ook minder onbekend dan gedacht. Het is mijn buurttukker. Dankbaar neem ik de portemonnee in ontvangst, de buurttukker stapt in zijn auto en rijdt toeterend weg.

Misschien vallen die Tukkers toch wel mee...

Bier is gezond

Weg met het biertje voor een euro op de Oude Markt, het uitproberen van vreemde pilsjes op de flesjesavond van de Geus en het razendsnel consumeren van speciaal bier tussen 11 en 12 in de Vestingbar. Tenminste, als het aan de Koninklijke Horeca Nederland ligt. Deze 'kenners' hebben namelijk bedacht dat happy hours en het aanbieden van bier tegen zeer lage prijzen slecht voor ons is. Het zou namelijk drankmisbruik in de hand werken.

Maar wat is nou eigenlijk drankmisbruik? Zelf ben ik na een avondje stappen weleens ergens anders geëindigd dan de bedoeling was of kon ik de volgende dag niet opstaan, maar dat had nooit veel te maken met de goedkope bierprijzen. Dat lag meer aan het feit dat het me op de avond zelf een goed idee leek om in combinatie met het bier, rosé of een ander chemisch goedje te consumeren.

Gelukkig dat ze in Amerika soms nog wat onderzoeken, want zo hoorde ik vandaag dat niet alleen wijn goed is voor je gezondheid. Ook bier blijkt goed te zijn voor de mens en kan zelfs kanker voorkomen. De Amerikaanse wetenschapper Fred Stevens geeft aan dat hop, één van de basiselementen van bier, de stof xanthohumol bevat. Deze stof helpt de ontwikkeling van borst-, baarmoeder- en prostaatkankercellen te voorkomen.

"Dit is één van de belangrijkste vormen van chemopreventie die we tot dusver hebben ontdekt, en de enige manier om deze stof binnen te krijgen is door het drinken van bier", geeft Stevens aan.

Ook de Britse onderzoeker Jonathan Powell is enthousiast over het gele goud. Hij concludeerde na een onderzoek bij enkele duizenden patiënten dat bier een bron van silicone is, dat een belangrijke rol speelt bij het vormen en versterken van botten in ons lichaam.

Die 20 biertjes die ik op een avond drink zijn dus niet zo'n nutteloze investering als mijn moeder altijd zegt. Nu maar hopen dat de Koninklijke Horeca Nederland dit ook inziet, of in ieder geval de ondernemers op de Oude Markt. Ik hoop dat ze weten dat de hoogte van de bierprijzen een goede invloed op ons studenten heeft. Bier is immers goed voor onze gezondheid en onze botten die worden er ook nog sterker van. En dat laatste kan wel eens handig zijn als je op de terugweg vanaf de Oude Markt van je fiets valt...

Verplicht college

Brak sta je op uit je bed na een veel te korte nacht, want het is weer tijd voor college!

Niet dat je op zo'n ochtend, als je hoofd aan alle kanten bonkt, zin hebt om naar het harde stemgeluid van een professor te luisteren of dat je verwacht veel van zijn verhaal te onthouden. Nee, er is een andere reden dat college zo nu en dan bij mij op de agenda staat, er is namelijk zoiets als een verplicht college. Een college waarbij een aftekenenlijst rondgaat om er zeker van te zijn dat iedereen wel aanwezig is, want de 'geprovide' kennis heb je toch echt wel nodig voor het tentamen.

Niet dat je het gevoel hebt dat je tijdens het verplichte college veel kennis op doet, de professor geeft immers vooral les omdat dat nou eenmaal bij onderzoeken hoort, kennisoverdracht in een collegezaal is niet zijn sterkste kant. Probeer je hem te volgen dan is de kans groot dat de stem van de professor je langzaam inslaap sust. Ach ja, te weinig slaap moet ergens worden ingehaald.

Gelukkig kun je alles wat hij voordraagt letterlijk in zijn sheets en het bijbehorende boek terugvinden. Zo kun je de tijd tijdens het college spenderen aan leukere dingen. Zoals het telefoonnummer scoren van de studente voor je met het laag uitgesneden truitje en het uitwisselen van stoere stapverhalen met andere brakhoofden.

En mocht je het verplichte college toch missen vanwege 'belangrijke afspraken' de avond ervoor, dan is er altijd nog een oplossing. De studente met het laag uitgesneden truitje zit namelijk altijd in college en waarom zou zij niet voor je aftekenen? Even smsen en je kunt je lekker omdraaien en verder slapen.

Weer bij een verplicht college geweest!

Tentamens inkijken

Ik open de automatisch gegenereerde mail van bureau Onderwijszaken.

“Beste Valentijn,

Doormiddel van deze automatisch gegenereerde e-mail willen we je melden dat je een 5 hebt gehaald voor het tentamen Stochastisch Modeleren op 8 juni jongstleden......”

Shit zeg, weer dat tentamen Stochastisch Modeleren niet gehaald. Maar ja, het leek dan ook in niets op de drie proeftentamens die ik vluchtig had doorgekeken. Eigenlijk kan dat natuurlijk niet, waarom noemen ze die tentamens anders proeftentamens? Waarom combineert de docent niet even de laatste 3 (proef) tentamens tot een nieuw tentamen? Net zo makkelijk.

De docent had het er zijn laatste college zelf over dat de proeftentamens een goed beeld gaven van de tentamenstof, tenminste dat werd aan mij doorgebriefd door de thuiswonende brave Hendrik die wel naar het college was geweest. Zelf had ik ten tijde van het laatste college veel belangrijkere zaken te doen. Ik was mijn kennis van 'modelleren' namelijk aan het bijspijkeren tijdens een van 'bijles' van Nadja, een studente psychologie, die ik in de mooie vrouwen sectie van de bieb had ontmoet...

Ik lees verder.

"Er is mogelijkheid tot het inkijken van het tentamen op vrijdag 1 juli vanaf 9.00 uur, op het kantoor van professor de Boer.

Vriendelijke groeten,

Bureau Onderwijszaken"

Mmm, misschien toch maar proberen om het tentamen in te gaan kijken. Een 5 is vaak wel omhoog te krijgen naar een 6. Al is de datum wel ultiem kut. 9 uur is wel erg vroeg zo net na de donderdagse stapavond. Een voordeel is dat professor de Boer erg gevoelig is voor vrouwelijk schoon, dus als ik Nadja meeneem in een kort rokje moet het lukken. Nu maar hopen dat ik mij niet verslaap...

Verkeersborden & andere loszittende zaken

Zoals u misschien wel weet zijn studenten gek op het versieren van hun huiskamer met allerlei prullaria die u in een 'normaal' huis niet zou aantreffen. Denk aan muren gemaakt van (lege) kratjes, bergen lege flessen, dartborden waar met messen opgegooid wordt en natuurlijk veel zaken waarvan geen van de bewoners van het studentenhuis meer weet wie ze ooit meegenomen heeft...

Verkeersborden en andere op straat rondslingerende zaken zoals vlaggen, pionnen en zelfs stoplichten noem maar op. Soms verwerkt tot tafel, maar voor het merendeel vol trots aan de muur gespijkerd door, u raadt het al, 'onbekenden'. Zo hangt in mijn studentenhuis een bord van Oldenzaal, zonder dat één van ons daar ooit gewoond heeft. Ok, één van ons heeft daar ooit een vriendinnetje genaamd Anne gehad, maar dat is toeval.

Hoe komt het nou dat je als student op het lumineuze idee komt om ergens een bord of vlag mee te nemen? Dat je ineens toepassingsgebieden ziet die een ander niet ziet? Het antwoord is alcohol!

Als ik weer eens goed gedronken had in de stad, zag ik onderweg naar huis ineens allemaal zaken die perfect bij ons bankstel pasten. Ik waande mij in een IKEA, maar dan zonder Billy & Björn en een magazijn waar je het gewenste product snel kunt meenemen. Want het uitzoeken van een mooie vlag of indrukwekkend verkeersbord gaat wel snel, het meenemen is toch anders dan bij de IKEA. Nergens een karretje te bekennen. Daarnaast zijn verkeersborden bijna niet los te krijgen zonder steeksleutel 13 en willen eigenaren van een vlag die vlag niet altijd zomaar meegeven.

Mocht het dan toch lukken om ergens gratis wat extra inrichting voor de huiskamer los te krijgen dan is er altijd nog de daglicht test.

Het kan zijn dat, als je met je dronken hoofd wakker wordt op de bank in de huiskamer, het pas verworven spandoek met de tekst 'Opruiming' in het daglicht toch niet zo in de huiskamer blijkt te passen. In dat geval een tip:

Fiets de volgende nacht met wat vrienden naar het dichtstbijzijnde winkelcentrum en hang hem daar op, zo hebben de andere buurtbewoners er ook een keer lol van dat je 's nachts met spullen sleept. Want het valt als winkelier toch niet uit te leggen dat jij niet degene bent die dat spandoek heeft opgehangen. Studenten halen verkeersborden, spandoeken en vlaggen immers toch alleen maar weg? En opruiming is opruiming!

Sporten

Sporten. Niet voor elke student heeft dat dezelfde betekenis. Voor mij betekende sporten het fietsen naar de kroeg, een bierestafette, het uit bed kruipen richting de huiskamer voor een spelletje FIFA op de Xbox en bij hoge uitzondering darten in de kroeg. Aan sporten zit namelijk een groot nadeel, je moet erbij rennen.

Niemand die het accepteert als je doelloos op het veld ronddwaalt, in gedachten verzonken, wachtend tot het moment dat je weer je biertjes mag bestellen in de kantine. In dat geval zijn de aanmoedigende kreten van teamgenoten niet van de lucht:

“Hej lullo, doe eens wat.”

“Homo, als je niets gaat doen kun je beter op de bank gaan zitten.”

En ga zo maar door.

Wat dat betreft snap ik niet zo goed dat sporten als darten en biljarten niet populairder zijn. Immers, rennen is er niet bij en de training vindt plaats in de kroeg. Dat zorgt ervoor dat je de gehele wedstrijd aan je bierbuik kunt werken en eventueel nog kunt ouwehoeren tegen andere aanwezigen.

Helaas... Darten en biljarten trekken nog niet het publiek dat ik zou wensen. De studentikoze chickies in korte geruite rokjes heb ik daar nog niet vaak gezien... Luipaard motief blijkt daar iets populairder.

Nee, de studentikoze godinnen zitten allemaal bij de hockey. In hun korte rokjes dartelen ze elke zaterdag over het groene hockeyveld en laten zich daarna door een of andere hockeydude (zonder bierbuik) aflebberen. Waar ze die hockeydude zijn tegenkomen? Op één van de hockeyfeestjes natuurlijk of anders wel bij het naborrelen in de eigen kroeg van de hockeyclub. En hoor je niet bij de hockey clan? Dan word je door de dames aldaar toch snel voor een engerd aangezien. Wie loopt immers zomaar een kroeg in waar hij niemand kent en probeert dan een gesprek met een dame aan te gaan over Xboxen?

Het bovenstaande heeft mij doen besluiten tot rigoureuze maatregelen. 2 weken geleden heb ik mij opgegeven om ook op het hockeyveld rond te rennen, of in ieder geval te doen alsof. I am a hockeydude, chickies here I come!

De creditcard

De creditcard. Een simpel plastic kaartje met magneetstreep dat je volgens de reclame dient te gebruiken voor betaalbare zaken. Een betaalmiddel dat in het buitenland nog meer geaccepteerd is dan in Nederland. Even een handtekening zetten en je bent klaar. En het voordeel, de rekening komt pas een maand later!

Klinkt natuurlijk geweldig, maar het maakt de creditcard voor de student tot één van de grootste vijanden en grootste zegeningen. Het gevaar van de creditcard schuilt hem in het feit dat de limiet pas bij 1500 euro optreedt.

Stel je voor. Je gaat een vriendje van je opzoeken in Zweden maar hebt geen rooie rotcent op je rekening staan, wat doe je dan?

Je trekt je creditcard en boekt de vlucht bij Easyjet, piece of cookie. Aangekomen in Zweden besluit je elke avond flink te gaan stappen. Door je dronkenschap en het gemak van de creditcard gaat het geld uitgeven nog makkelijker dan normaal. Daarnaast zorgt de 'charme' van 'Olga' en 'Anna' ervoor dat je maar aan het champagne drinken blijft. En ach dat een fles 40 euro kost, dat heb je niet helemaal meer door als je in Anna's ogen kijkt..

Heb je eindelijk afscheid genomen van 'Anna' en 'Olga' met veel loze beloftes om snel weer af te spreken. Ze vonden jou en Thom zo stoer, knap en grappig (en daarnaast vonden ze je creditcard erg relaxed).

Dan komt vriendje Thom ineens met een geweldig idee. Op de terugweg naar zijn appartement kom je namelijk langs een striptent en het zou natuurlijk dom zijn om daar langs te lopen als je helemaal naar Zweden bent gekomen. 200 euro armer en een lapdance rijker loop je verder naar het appartement om je de volgende ochtend brak af te vragen hoeveel geld je wel niet gespendeerd hebt. Het antwoord komt tijdens de afterparty op de laatste avond met 'Olga' en 'Anna'. De barkeeper kijkt je met een schuldig gezicht aan: Limiet bereikt!

Enkele dagen daarna ga je zonder afscheid te nemen van 'Olga' en 'Anna' (ze waren de dagen na de afterparty ineens HEEL druk) weer terug naar Nederland.

Eerst lijkt het allemaal nog wel mee te vallen met je financiële situatie. Tot je de maand daarna voor de pinautomaat staat en het bericht 'Saldo ontoereikend' in beeld ziet staan, het geld van Zweden is afgeschreven...

Snel pak je je creditcard.

Project Management

Fuck Prince II en andersoortige theorieën voor project management. De beste manier om een succesvol projectmanager te worden is door tijdens je studententijd al de nodige ervaring opdoen.

De beste manier daarvoor? Er meerdere vriendinnetjes op na houden. Als je dat lukt, komen dingen als verwachtingsmanagement, omgaan met druk en goed plannen allemaal vanzelf om de hoek kijken.

Niet voor niets zijn er een aantal regels die je als polygame student goed in je op moet nemen:

1. Pak de leiding. Dit doe je door verrassingen uit te sluiten. Zeg: "Ik haat verrassingen!" Niets is lulliger dan dat een 'verrassing' van een vriendinnetje resulteert in een ontmoeting tussen twee van je schatjes.

2. Leef naar je budget. Als je geen geld hebt voor een 4de vriendin, neem die er dan ook niet bij. Tenzij zij rijk is en alles betaalt.
3. Actief management van verwachtingen van de verschillende vrouwen. Zeg dat je de relatie geheim wilt houden totdat je zeker weet dat je met elkaar verder wilt. En bij haar voelt het al wel bijna zo... Yeah right.
4. Yes, I know. Noteer de feitjes over de verschillende dames in je projectlogboek. Lees dit logboek door voordat je met een van de dames op date gaat, anders kun je in een gesprek nog wel eens fouten maken
5. Een goed brononderzoek is onontbeerlijk. Probeer er bij de eerste ontmoeting achter te komen of ze niet in het netwerk van je andere scharrels zit. Zonder een naam te noemen uiteraard.
6. Restaurants kies je zorgvuldig. Toch zonde als de serveerster je herkent van de dag

> daarvoor. Dat wil nog wel eens zorgen voor vreemde blikken.

Je zult zien dat als je met de druk van het houden van meerdere vrouwen tijdens je studententijd kunt omgaan, projecten in het bedrijfsleven een eitje zijn. Al dat gedoe met een projectinitiatie document e.d. is helemaal niet nodig. Een echte, goede projectmanager is een PLAYER.

Weekendje naar huis

Wat was ik blij toen ik er weg was. Ik had niet langer meer de verplichting om op tijd thuis te zijn voor het eten, niemand zeurde meer als ik een keer in mijn bed bleef liggen of de afwas niet deed, geen ongemakkelijke situaties als ik een keer een dame mee naar huis nam en ga zo maar door.

Vooral het laatste blijkt als student een groot voordeel. Mijn moeder dacht bij elke volgende scharrel dat het mijn grote liefde was. Ooit maakte ik de fout om een tijdelijke scharrel mee naar huis te nemen. In no-time waren mijn moeder en de scharrel twee handen op één buik. Verschrikkelijk! Toen ik het na een maand scharrelen afkapte, kreeg ik natuurlijk een preek van mijn moeder.

“Ilse is een heel leuk, welbespraakt meisje en ze komt nog uit een goede familie ook. Je mag je handen dichtknijpen met een vrouw als zij.”

Dat Ilse eigenlijk alleen maar saai en klef was, wilde er bij mijn moeder niet in.

Nee, op kamers wonen is een stuk beter. Daar krijg je een schouderklopje van je huisgenoten als je weer een andere dame hebt gescoord. En mocht je van je scharrel af willen, dan nemen ze haar graag van je over.

Nooit zeggen zij wat je moet doen, wanneer je naar bed moet of dat je moet minderen met het bier. Sterker nog, ze stimuleren je om nog meer te drinken, nog later naar bed te gaan en colleges in de ochtend over te slaan. Na een nachtje doorhalen is X-boxen in je ochtendjas gewoon veel relaxter. Het geeft je lichaam de mogelijkheid om weer rustig wennen aan de nieuwe dag.

Mocht je maag toch nog wat problemen hebben met de combinatie van een nieuwe dag en het drinken van de avond ervoor, dan moedigen zij je welgemeend en uitbundig aan terwijl je boven het toilet hangt.

Toch ga ik zo af en toe in het weekend naar het huis van mijn ouders.

Het geeft me de kans om eens lekker bij te slapen op de bank zonder dat ik door iemand wakker wordt gestompt voor een potje op de Xbox.

Verder is het eten van mijn moeder een stuk beter dan de brouwsels die mijn huisgenoten produceren en is het relaxed als de meegebrachte tas met was op onverklaarbare wijze weer schoon op je kamer belandt. Daarnaast vindt mijn moeder het leuk om op haar vrije zaterdag met mij te winkelen. En je raadt het al, zij betaalt alles.

Ja, zo af en toe ben ik toch wel blij dat ik in het weekend naar huis kan.

De bierkaart

De hierna volgende bierkaart heb ik ooit tijdens mijn studententijd vol gedronken. Een mooie sport die je van de straat houdt en zorgt dat je even niet aan het versieren van dames denkt. Mocht je deze bierkaart ook vol willen drinken, dan kun je:

1. De pagina's van de bierkaart uit dit boekje scheuren. Leuk, alleen mis je invulruimte.
2. Deze downloaden op de facebook pagina https://www.facebook.com/opdekroeg

Maar je kunt natuurlijk ook je eigen bierkaart starten door een mooie selectie van goede bieren te maken. Ter inspiratie: Orval, Piraat, Black & Tan (Guinness met Kilkenny), Tuborg, Carlsberg, Foster, Karmeliet etc.

Ben je ook daadwerkelijk in staat om je de bierkaart te voltooien, post het bewijs daarvan in de vorm van de bierkaart, foto's of een testimonial op de facebook pagina en je krijgt binnen enkele weken je 'bierbul' opgestuurd (zolang de voorraad strekt).

Studeer je toch nog eens af!

	Datum	Paraaf Tapper	Cijfer
Achelse Trappist (8%)	30/4	[illegible]	
~~[illegible]~~ Geuze (5,2%) Timmermans	10/1	[illegible]	6½
~~[illegible]~~ Kriek (5,2%) Lindemans	21/2	[illegible]	6
Brigand (9%)	23/4	[illegible]	
Brugse Straffe Hendrik (6%)	6/12	[illegible]	7,6
Brugse Tripel (9%)	9/11	Jorne	8,8
Bush Amber (12%)	13/12	[illegible]	6½
~~Caracole Saxo (8%)~~			
Chimay Blauw (9%)	21/2	[illegible]	
Chimay Rood (7%)	21/2	Flip	
Chimay Wit (8%)	9/11	Jorne	
Corsendonk Agnus (7,5%)	7/5	[illegible]	
Delirium Tremens (9%)	6/2	[illegible]	7
Desperados (5,9%)	6/12	[illegible]	5
Duchesse de Bourgogne (6,2%)	7/12	[illegible]	
Duvel (8,5%)	28/4	[illegible]	7½
Erdinger Weißbier (5,3%)	1/3	[illegible]	
Grimbergen Dubbel (6,5%)	21/2	Flip	
Grolsch Kanon (11,6%)	6/3	[illegible]	
Guinness Stout (4,2%)	6/12	[illegible]	8,5
Hertog Jan Grand Prestige (10%)	7/3	[illegible]	
Het Elfde gebod (7%)	9/1	[illegible]	8
Hoegaarden Grand Cru (8,7%)	11/3	[illegible]	
Hoegaarden Julius (8,8%)	10/1	[illegible]	8+
Jan van Gent (5.5%)	21/2	Elmer	7
~~[illegible]~~ (8,5%)			

	Datum	Paraaf Tapper	Cijfer
Kasteelbier Blond (11%)	4/3	[illegible]	
Kasteelbier Bruin (11%)	2/4	Freya	8
Koninck (5%)	13/12	[illegible]	
Korenwolf (5%)	1/1	[illegible]	
La Chouffe (8%)	23/1	Freya	
~~La Guillotine (9%)~~			
La Trappe Quadrupel (10%)	2/1	Freya	
Leffe Blond (6,6%)	4/3	[illegible]	
Liefmans Kriek (6%)	1/2	[illegible]	6-
Murphy's Irish Red (5%)	4/12	[illegible]	6,5
Orval (6,2%)	23/1	Freya	[illegible]
Palm speciaal (5%)	7/12	[illegible]	[illegible]
Pauwel Kwak (8%)	1/3	[illegible]	
~~[illegible] (9%)~~			
Rochefort 10° (11,3%)	7/12	[illegible]	
Rodenbach Grand Cru (6,5%)	1/4	Tobias	
Rodenbach Klassiek (5,0%)	10/1	[illegible]	
Sint Bernardus Abt 12° (10%)	[illegible]	[illegible]	
~~Te Dooler Blond (6,1%)~~			
Val ~~Dieu Brune (8%)~~ Orval	3/1	[illegible]	
Vondel (8,5%)	2/3	[illegible]	
Westmalle Dubbel (7%)	13/12	[illegible]	
Westmalle Tripel (9,5%)	2/5	[illegible]	
Grimbergen Optimo Bruno	3/2	[illegible]	
St. Bernardus Tripel	1/4	[illegible]	
Corsendonk Pater	30/05	[illegible]	
Wittekerk Rosé bier	1/4	[illegible]	

Eetlijst

Dag	Aanwezig
Maandag	Jan-Maarten, Tim, Erik-Willem
Dinsdag	
Woensdag	
Donderdag	
Vrijdag	
Zaterdag	
Zondag	

www.ingramcontent.com/pod-product-compliance
Ingram Content Group UK Ltd.
Pitfield, Milton Keynes, MK11 3LW, UK
UKHW020219250726
13967UKWH00001B/86

9 781447 849612